Henry Bueno

El estado de la Fe

Henry Bueno

El estado de la Fe

Al límite del quehacer

CREDO EDICIONES

Imprint
Any brand names and product names mentioned in this book are subject to trademark, brand or patent protection and are trademarks or registered trademarks of their respective holders. The use of brand names, product names, common names, trade names, product descriptions etc. even without a particular marking in this work is in no way to be construed to mean that such names may be regarded as unrestricted in respect of trademark and brand protection legislation and could thus be used by anyone.

Cover image: www.ingimage.com

Publisher:
CREDO EDICIONES
is a trademark of
Dodo Books Indian Ocean Ltd., member of the OmniScriptum S.R.L Publishing group
str. A.Russo 15, of. 61, Chisinau-2068, Republic of Moldova Europe
Printed at: see last page
ISBN: 978-613-5-58428-8

EL ESTADO DE LA FE: AL LÌMITE DEL QUEHACER

Henry Wilder Bueno Orellana

CREDO EDICIONES

¡Un verdadero artista y niño, nunca se deja de maravillar!

Índice

Prólogo

Testimoniazgo: *Hace poco participé de una Feria Municipal y mientras ofrecía mis productos, me detuve a observar el comportamiento de los consumidores; gente, que andaba como "zombis" viendo la realidad a través de sus celulares, grabando para quien sabe quién, lo que ocurría a su alrededor, conectados a una nube; lo peor de todo, paseando por las calles en "estado de piloto automático", es decir ¿Acaso caminando sin sentido y yo ahí lo mismo tratando de negociar, en un tiempo en el que todo ha colapsado?*

¿Por qué no llevaban la mano al bolsillo para comprar algún producto? ¿Qué pasaba en ellos que los productos presentados no causaban ese impacto suficiente como antes, para inducirlos a cerrar el círculo de la venta? ¿Estaban presentes o conscientes de la actividad que venían a realizar? ¿Acaso estaban buscando algo más en su interior que solo lo usual y no lo encontraban? ¿Quizás porque buscaban un pretexto para dialogar con alguien y no hallaban satisfacción? ¿Alguien que los escuche y no lo encontraban?

Todo este análisis, puede suscitar para un escritor apasionado, una imagen clara de lo que acontece pospandemia o para un psicólogo general como yo, un disparador para un programa de intervención psicosocial o psicoeducativo ejemplar; pero no, ¡Esta vez no!

Creo que lo principal aquí, es como captamos esas "necesidades trascendentes" que van más allá del mundo material y por eso son tan relevantes mis apuntes ahora y agradezco el solo hecho de estar vivo, después de haber terminado mi COLECCIÒN CREER CON EDITORIAL ACADEMICA ESPAÑOLA, para enrumbarme ahora en un nivel diferente del discurso narrativo, algo más profundo, complejo y ambicioso; pero más que necesario: Algo que nos lleve a ti y a mí a entender por fin, el estado de la Fe.

El autor

Introducción

¿Por qué urge un diagnóstico de la Fe para este tiempo? ¿Porque es necesario levantar este diagnóstico, pensando en las conductas del consumidor? ¿Qué hace que nosotros creamos por primera vez, que se expresa un síntoma de algo fuera de nuestro alcance, eso que hemos reconocido como “ser zombis o vivir en un estado de piloto automático constante”? ¿Estamos frente a un nuevo problema derivado del atrapamiento de los sentidos, por el uso excesivo de la tecnología, que se expresa en ese “vacío existencial” en el que han caído los seres humanos?

Ahora, si es que una intervención psicológica ya no tiene utilidad, ¿Qué hacer en estas circunstancias? ¿A que otros nuevos retos nos enfrentamos más que como científicos – profesionales, como personas? ¿Quizás sea hora de que emerja una nueva consciencia? ¿Pero cómo? Sin duda este momento es crucial, para sentarnos alrededor de un círculo y hacer también un esfuerzo disciplinado de análisis, de la realidad y paralelamente mientras se viene haciendo el mismo esfuerzo en la Iglesia Católica Apostólica y Romana para los años 2021 – 2022 – 2023 ¿Por qué perder el tiempo entonces?¡Hagámoslo aquí!

Este es el momento, en que DEBIERAMOS hacernos ciertas preguntas, de si estamos marchando en el rumbo correcto ò si realmente, guiamos a las nuevas generaciones, en el camino que la humanidad se trazó, desde el comienzo de los tiempos o es que nos hemos vendado los ojos y pretendemos ser guías, sin reconocer que: Somos tuertos, en un mundo de ciegos.

Por eso la Fe es el tema en cuestión, solo la Fe y por eso hay mucho que decir al respecto, usando un lenguaje sencillo, sumario y del sembrar, para que otros construyan.

Henry Wilder Bueno Orellana

COLECCIÒN CREER, UNA INVESTIGACIÒN CUALITATIVA

ANTECEDENTES DE LA COLECCIÒN CREER, CON "LIBRITOS AL ALCANCE DEL BOLSILLO" EN EL PERÙ

Proyecto Geniecillo (2004, 2007, 2010, 2011 y 2014)

Henry Bueno

Al lado de Milagros Murrugarra

PREMISAS ORIGINALES, DE LA COLECCIÒN CREER

1. Si la evidencia del progreso es la dependencia emocional de la tecnología, entonces estamos perdidos como humanidad
2. Si la evidencia del progreso es la falta de amor entre nosotros, entonces estamos perdidos como humanidad
3. Si la evidencia del progreso es la falta de valores primordiales relativos a las emociones y el amor, en suma, entonces nada bueno trae progresar
4. Si las expresiones emocionales y del amor, las podemos encontrar en el arte y la cultura, entonces ¿Por qué buscar en otros lados?
5. Si las manifestaciones humanas en arte y cultura, atesoran lo más sublime ¿Por qué no son considerados, como medios de evangelización?
6. Si la evangelización de los pueblos ocurriese prioritariamente por medio de arte y la cultura, entonces ¿podríamos conectar con acierto, con los sentimientos de la gente y llevarlos a Dios?
7. Si la evangelización tuviera que renovarse, entonces ¿El camino propuesto acaso no seguiría siendo una salida?

UNA EXPERIENCIA DE CAMINO, AL LADO DE COAUTORES PERUANOS

1. *El mensaje para las familias desde la psicología (2012 y 2020)*
    a. Henry Wilder Bueno Orellana
2. *La agenda social en la filosofía y la política peruana (2020)*
    a. Al lado de Fernando Joel Rosario Quiroz
    b. Al lado de Elizabeth Lenny Bueno Bueno
3. *La cultura de pentecostés en pentecostés en la Iglesia (2019, 2020 y 2021)*
    a. Henry Wilder Bueno Orellana
    b. Al lado de Madre Mary Gladys Jara Jaramillo
    c. Al lado de Pedro Alberto Cruz Montufar
    d. Al lado de Ana Cecilia Bancayán Cerna
    e. Al lado de Luis Ray García Vidal
    f. Al lado de Basilio Bueno Bustamante
4. *Mecanismos del amor (2021)*
    a. Al lado de Madre Mary Gladys Jara Jaramillo
    b. Al lado de Daniel Moisés Contreras Castillo
5. *Biología de la creencia (2021)*
    a. Al lado de Madre Mary Gladys Jara Jaramillo

SEMBLANZA DEL BUEN MORIR

Morir escribiendo o haciendo únicamente aquello que tiene sentido para mí ¿Acaso no es lo mismo? Cuando hay mayor virtud en el oficio y ya entendimos para que vivimos aquí, entonces esa noción del buen morir parece apetecible, para este tramo de la vida y no hay prisa, más bien sensación de plenitud y cuando el teclear no amenaza la vida, sino mas bien, genera una especie de "trance hipnótico", en el que uno produce satisfacción, entonces todo se perdona por un minuto más al lado tras la pantalla de un computador y hay mucho más cuidado en vivir, enfocado en como acontecen los hechos, prestando atención a los detalles donde: cada cita textual es una despedida, cada línea es una huella que se deja para posterior y cada palabra es como una nota musical, cuyo sonido invita a contemplar.

Los "poetas sociales" como nos reconoce Francisco no hemos venido mas que ha abrir nuevas zanzas en la tierra, para seguir cultivando, convencidos que no es menester ocupar un lugar que no es el nuestro y hacer alguna cosa a la que no hemos sido llamados, las advertencias de lo que se viene construyendo equivocadamente ya han sido hechas a tiempo y por eso estimamos que se puede construir conocimiento y sembrar amor al mismo tiempo, teniendo claro que hablamos como si de macetas y plantas se trataran, no de otra cosa.

El tiempo, que nos ha tomado encontrar eco, en otras personas que han caminado al lado nuestro, significa que en algo nos parecemos ellas y nosotros a ellas, pero no ha sido suficiente, a veces querríamos que las condiciones hubieran permitido realizar grandes proyectos también, cuando solo alcanzó para mostrar las ideas como simples artesanos, en resumen siguiendo el esquema de Jesús de Nazaret y mientras la vida nos permita vivir, aprendiendo a morir con dignidad de lo vivido.

Pero, en este punto ¿Acaso yo no estoy mostrando las mismas falencias, que se exponen en las premisas al usar una laptop para mis fines? ¿Qué diferencia hay, entre alguien que simplemente pasea por la calle, con los sentidos superpuestos en su celular y yo aquí tratando de decirte algo detrás de un monitor, invirtiendo hora sobre horas? ¿Hasta este momento me doy cuenta, que usamos la misma tecnología, de la que nos hemos quejado tanto, desde el comienzo de esta presentación? ¿Entonces que nos diferencia a ti y a mí, del resto?

Sin caer en las obviedades de la circularidad del pensamiento o su perpendicularidad y hacer saltos al vacio, quiero resaltar que sea que queramos grabar una imagen en un celular o escribir un texto en la laptop, ambos siempre corrimos el riesgo de no saber medir el tiempo, que pasamos haciéndolo sin pensar o sin llegar a una especie de autodiàlogo egocéntrico, cuando lo hacemos con abusando de los medios tecnológicos para evitar el face to face, más precisamente, entramos en un fenómeno en donde dejamos de lado nuestra libertad personal de interactuar como seres normales, esa libertad que si la usamos adecuadamente, podemos simplemente: respirar y sentir, respirar y sentir, respirar y sentir…

Pero eso es retroceder casi 2000 años atrás ¿Cómo se te ocurre proponernos eso? ¿Solo respirando y sintiendo, cómo subsistiríamos, eso es retrogrado, no es para nuestro tiempo? Y sin embargo no se me ocurre tal camino porque haya sido fácil llegar a él, sino después de más de 1050 hojas escritas hasta el momento.

Entonces ¿Porque no respirar y sentir? Creo que ya es hora, no te parece, solo tómate el tiempo suficiente para eso y de seguro que cuando vuelvas aquí habrá soplado una vez más en tu interior, eso que los cristianos llamamos Santo Espíritu y unas líneas atrás o hacia adelante tendrá sentido mis palabras: hacemos semblanza del buen morir, al vivir la pasión de Cristo.

INVITACIÒN PERMANENTE A VIVIR, ANTES DE DAR EL ÚLTIMO SUSPIRO

El sentido de mi autodescubrimiento personal y acompañando a otros, en una sola palabra es: vivir y así debiera quedar registrado, así que desde hace un minuto no recuerdo más que haberme propuesto terminar un libro en un solo día y espero cumplir ese objetivo hoy, resulta evidente que para poder lograrlo e de hacer uso de un artificio literario, pero estoy convencido que valdrá la pena llevar a cabo tal misión y empezar a buscar que dice la web sobre el estado de la Fe, para nosotros planteado.

FE EN LA WEB

FE SEGÚN LA REAL ACADEMIA DE LA LENGUA ESPAÑOLA

fe[1]

Del lat. *fides.*

1. f. Conjunto de creencias de una religión.

2. f. Conjunto de creencias de alguien, de un grupo o de una multitud de personas.

3. f. Confianza, buen concepto que se tiene de alguien o de algo. *Tener fe en el médico.*

4. f. Creencia que se da a algo por la autoridad de quien lo dice o por la fama pública.

5. f. Palabra que se da o promesa que se hace a alguien con cierta solemnidad o publicid ad.

6. f. Seguridad, aseveración de que algo es cierto. *El escribano da fe.*

7. f. Documento que certifica la verdad de algo. *Fe de soltería, de bautismo.*

8. f. **fidelidad** (‖ lealtad). *Guardar la fe conyugal.*

9. f. Rel. En el cristianismo, virtud teologal que consiste en el asentimiento a la revelaci ón de Dios, propuesta por la Iglesia.

buena fe

1. f. Rectitud, honradez.

2. f. Der. Criterio de conducta al que ha de adaptarse el comportamiento honesto de los sujetos de derecho.

3. f. Der. En las relaciones bilaterales, comportamiento adecuado a las expectativas de l a otra parte.

fe católica

1. f. **religión católica.**

fe de erratas

1. f. Lista de las erratas observadas en un libro, inserta en él al final o al comienzo, con l a enmienda que de cada una debe hacerse.

fe de vida

1. f. Certificación negativa de defunción y afirmativa de presencia, expedida por un func ionario.

2. f. coloq. Acto de presencia o noticia auténtica del que permanecía alejado. *Dar fe de v ida.*

fe pública

1. f. Autoridad legítima atribuida a notarios, escribanos, agentes de cambio y bolsa, cón sules y secretarios de juzgados, tribunales y otros institutos oficiales, para que los docu mentos que autorizan en debida forma sean considerados como auténticos y lo contenid o en ellos sea tenido por verdadero mientras no se haga prueba en contrario.

fe púnica

1. f. **mala fe.**

mala fe

1. f. Doblez, alevosía.

2. f. Der. Malicia o temeridad con que se hace algo o se posee o detenta algún bien.

a buena fe

1. loc. adv. Ciertamente, de seguro, sin duda.

a fe

1. loc. adv. p. us. **en verdad.**

a fe de bueno, o **de caballero,** o **de cristiano,** etc.

1. locs. advs. p. us. U. para asegurar algo.

a fe mía

1. loc. adv. p. us. U. para asegurar algo.

a la buena fe

1. loc. adv. Con ingenuidad y sencillez, sin dolo o malicia.

a la fe

1. loc. adv. desus. **a la he.** U. c. rur., y especialmente con admiración o extrañeza.

dar fe

1. loc. verb. Dicho de un notario: Ejercitar la **fe** pública extrajudicial.

2. loc. verb. Dicho de un escribano: Ejercitar la **fe** pública judicial.

3. loc. verb. Asegurar algo que se ha visto.

de buena fe

1. loc. adv. Con verdad y sinceridad.

de mala fe

1. loc. adv. Con malicia o engaño.

en fe

1. loc. adv. p. us. En seguridad, en fuerza.

hacer fe un escrito, una declaración, etc.

1. loc.

verb. Ser suficiente o tener los requisitos necesarios para que se crea lo que se dice o eje

cuta.

mía fe

1. loc. adv. desus. **a fe mía.**

por mi fe

1. loc. adv. p. us. **a fe mía.**

prestar fe

1. loc. verb. Dar asenso a lo que otra persona dice.

artículo de fe

auto de fe

poseedor de buena fe

posesión de buena fe

posesión de mala fe

promotor de la fe

protestación de la fe

símbolo de la fe

fe[2]

1. adv. desus. **he** (‖ para señalar o mostrar).

REFERENCIA

https://dle.rae.es/fe

LA FE EN LA ENCICLOPEDIA WEB

La **fe** (del latín *fides*) es la seguridad o confianza en una persona, cosa, deidad, opinión, doctrinas o enseñanzas de una religión,[1] y, como tal, se manifiesta por encima de la necesidad de poseer evidencias que demuestren la verdad.[2] También puede definirse como la creencia que no está sustentada en pruebas,[3][4] además de la seguridad, producto en algún grado de una promesa.[5][6]

Religiones

La «fe religiosa» tiene una serie de puntos comunes en casi todas las religiones existentes, y también desencuentros. La *fe* la define el diccionario de la RAE como: Conjunto de creencias de una religión, conjunto de creencias de alguien, de un grupo o de una multitud de personas, creencia que se da a algo por la autoridad de quien lo dice o por la fama pública.[7]

Bahaísmo

Para el bahaísmo, la fe es la máxima aceptación de la autoridad divina de las Manifestaciones de Dios.[8] La fe y el conocimiento son igualmente necesarios para el crecimiento espiritual.[8] Esta no solo supone la obediencia externa a esta autoridad, sino que también una comprensión profunda y personal de las enseñanzas religiosas.

La fe significa, primero, conocimiento consciente, y segundo, la práctica de buenas acciones.[9]

Budismo

La fe (pali: *Saddhā*, sánscrito: *Śraddhā*) es un componente importante de las enseñanzas de Gautama Buda, tanto en las tradiciones del Theravāda y el Mahāyāna. Sus palabras se registraron originalmente en el lenguaje pali y la palabra *saddhā* se traduce generalmente como *fe*. En sus enseñanzas, el *saddhā* a veces se describe como:

- Una convicción de que algo es.
- Una determinación de lograr las metas personales.
- Una sensación de dicha, producto de los dos anteriores.

Mientras que la fe en el budismo no implica "fe ciega", la práctica budista no obstante requiere cierto grado de confianza, principalmente en la conquista espiritual de Gautama Buda. La fe en el budismo se centra en el entendimiento de que Buda es un ser Despierto, en su papel superior como maestro, en la verdad de su Dharma (enseñanzas espirituales) y en su Sangha (comunidad de seguidores con desarrollo del espíritu). La fe en el budismo puede resumirse como aquella en las Tres Joyas: el Buda, el Dharma y el Sangha. Esta tiene el propósito de conducir a la iluminación, o bodhi, y el Nirvana. Volitivamente implica una decisión resoluta y valiente. Combina el propósito firme y la autoconfianza de que se podrá lograr lo que se desea.[10]

Al contrario de cualquier forma de "fe ciega", las enseñanzas de Buda incluyen aquellas incluidas en el Kalama Sutra y exhortan a sus discípulos a investigar cualquier enseñanza y vivir de acuerdo a lo aprendido y aceptado, en lugar de creer en algo simplemente debido a que así fue enseñado.[11]

Cristianismo

El Triunfo de la Fe sobre la Idolatría. Jean-Baptiste Théodon (1646–1713)

La fe en el cristianismo es una virtud teologal y se basa en la obra y enseñanzas de Jesús de Nazaret.[12] El cristianismo declara no caracterizarse por la fe, sino por el objetivo de la fe. En lugar de ser pasiva, la fe conduce una vida activa alineada con los ideales y ejemplo de vida de Jesús.

Es, pues, la fe la certeza de lo que se espera, la convicción de lo que no se ve.
Hebreos 11:1

La actitud de la voluntad en la fe la describe San Agustín de la siguiente forma: «credere non potest nisi volens» —no se puede creer si no se quiere—,[13] y Santo Tomás hace énfasis en la unión entre voluntad y pensamiento al decir que *«la fe es retener por seguramente verdaderas ciertas afirmaciones intelectuales, bajo el influjo y la adhesión de la voluntad».*[14]

Antiguo Testamento

Los términos usados más frecuentemente en el Antiguo Testamento para representar la actitud de fe son *batāh* — esperar confiadamente en ...— y *amān* — mantenerse fiel a...—. Las raíces anteriores se corresponden en el Nuevo Testamento por *élpis, elpizo* y *pístis, pistéou* respectivamente. Ambas palabras ponen de manifiesto las dos características del verdadero creyente: «confianza en la persona que revela» y «adhesión del intelecto a sus signos y palabras».

Desde la fe de Adán y Eva a la que hace referencia el Génesis donde, a pesar del pecado cometido por ellos, Dios les prometió un Salvador hasta la fe de Abraham que llegó a su punto álgido cuando aceptó sacrificar a su hijo Isaac por obedecer a Dios, se han sucedido gran cantidad de acontecimientos de fe en Él. Los libros posteriores, el Éxodo, Levítico y Deuteronomio, siguen narrando acontecimientos en los que la fe estaba presente, y en otras ausente pero con retorno posterior a su fe en Dios, y esta se concretó en los Diez Mandamientos dados a Moisés en el monte Sinaí. El carácter obligatorio y las disposiciones internas de los hombres a cumplir los Mandamientos es de gran tradición deuteronómica; en el plano personal, la fe exige la entrega de todo el corazón.[15]

Las situaciones y experiencias del «pueblo elegido» en la «tierra prometida» variaron según su fidelidad a la Alianza con Yahveh desde Josué, Samuel, David y Salomón. Después de este, hubo reyes que obraron bien y otros que no. La fe de los reyes se apoyaba, sobre todo, en la confianza. Esta confianza la tuvo el rey Ezequías al verse rodeado por un ejército sirio mucho más potente y, posteriormente, en la lucha de los Macabeos contra los gentiles.,[16][17]

Los «*Profetas*» del Antiguo Testamento tenían una gran fuerza que les venía de la fe y de su interpretación de situaciones históricas o personales como precedentes de Dios ya que su mensaje se dirigía a las naciones, a los judíos, y generalmente comunicaban conocimientos o señales. En algunos casos, estos conocimientos llegaban a un grado de intimidad importante como ocurría con el Jeremías que dijo: *«Les daré un corazón para conocerme»*. Es un conocimiento que se dirigía a las obras y a la vida.[18]

Otros profetas continuaron tratando temas de conocimiento interior y exterior a raíz de la fe.En el Libro de Daniel se habla de un Dios que conoce y revela secretos. La fe en Dios les daba el poder de interpretar lo misterioso y lo difícil. La actividad de los profetas se caracterizaba por el afán de desarrollar y confirmar la fe del pueblo, tan azotado por las condiciones de su época, que debía permanecer fiel al principio fundamental de su vida: «*Yahwéh es Dios, el único Dios*». El Libro de los

Salmos presenta también esta firme verdad, sobre todo en momentos en los que el hombre, el pueblo, sufría y llamaba a Dios para que lo salvase.[19]

En los «libros sapienciales» la fe se presenta como indispensable y necesaria: la verdadera sabiduría incluye la fe. Las facultades superiores, las intelectuales, del hombre están dirigidas a la búsqueda de Dios. Igualmente, «toda sabiduría proviene de Dios» que, además, puede comunicarla a los hombres. Por eso, si bien es un ejercicio de una facultad superior del hombre, es una dependencia, e incluso pobreza, en cualquier sabiduría humana.[20]

Ya en el Antiguo Testamento hay muestras de la negación de la fe que, generalmente, brotan del deseo de autosuficiencia del hombre. Un ejemplo es la fabricación de un *becerro de oro* por los hebreos, —Ex, 32— un dios creado por los propios hombres porque Moisés tardaba en bajar del monte Sinai. Otras veces la incredulidad, individual y colectiva, que se produjo durante siglos, venía de una visión cómoda y terrena de las cosas, incluso llegó a ser indiferencia en muchas ocasiones. La falta de fe llegará hasta los coetáneos de Cristo, una incredulidad de obstinación de los judíos y, especialmente, de los fariseos, los jefes espirituales de los propios judíos que incluso lo detuvieron y lo crucificaron.[21]

La Revelación en el Nuevo Testamento

Alegoría de la fe (*c.* 1670), de Johannes Vermeer, Metropolitan Museum of Art, Nueva York

En los Evangelios la fe está totalmente ligada a la revelación del Reino de Dios cuya base y fundamento es el mismo Jesucristo que revela la doctrina, no como los antiguos profetas, sino como quien tiene autoridad, autoridad que, a la vez, estaba confirmada por los milagros. — Mt 7,7; Mc 1,22; Lc 4,32 — y para tenerla, Jesucristo dejó claro que la fe es un don de Dios, una virtud sobrenatural infundida por Él.[22]

Las dos vertientes de la gracia de la fe y de la correspondencia humana a ella se reflejan en la confesión de san Pedro —Mt 16, 16-18—, en la del centurión, que Jesús consideró como maravillosa —Mt 8,10; Lc 7,1-10— ya que el propio centurión sabía lo que era la autoridad y al oír la palabra de Jesucristo vio que *hablaba con autoridad* —Lc 7,7—. El verdadero modelo de fe se refleja en la Virgen María de la que su prima Santa Isabel le dijo *«Dichosa la que ha creído que se cumplirían las cosas que le fueron dichas de parte del Señor»*. En un plano inferior al de la fe de la Virgen María está la fe del ciego Bartimeo, de Jairo, de la hemorroisa, del leproso, del paralítico, la cananea y otros muchos más curados o devueltos a la vida por Jesucristo.,[23][24]

La fe es un acto humano

La fe es una gracia, un don de Dios; para dar respuesta a la fe es necesaria la gracia de Dios que ayuda y se adelanta a las personas y mueve sus corazones para dirigirlos a El. Sin embargo, creer es un acto auténticamente humano, que no es contrario a la inteligencia ni a la libertad del hombre.

Virgen del Chaquishcahuayco.

En la vida corriente, en las relaciones humanas creer lo que dicen otras personas no es contrario a la dignidad propia. Por esa razón es menos contraria a la dignidad de la persona creer y poner la inteligencia y la voluntad bajo lo que Dios revela.[25]

Fe e inteligencia

El hecho de que las verdades reveladas parezcan inteligibles o verdaderas a la razón natural no es el *motivo* por el cual se cree. Según los teólogos católicos, se cree por la autoridad de Dios mismo ya que revela y *no puede engañarse ni engañarnos.*[26]

Por lo mismo, para los cristianos la fe es cierta, más que cualquier conocimiento humano, pues se basa en la palabra de Dios, que no puede mentir ya que Él es la Verdad. *La certeza que da la luz divina es mayor que la que da la luz de la razón natural.*[27]

La fe trata de comprender porque en inherente a ella misma que los creyentes, cada creyente, desee conocer cada vez mejor a aquel en quien ha depositado su confianza y su fe. La *fe abre los ojos del corazón* dice San Pablo en su carta a los Efesios y San Agustín —serm. 43, 7, 9— dice que *creo para comprender y comprendo para creer mejor.*,[2829]

Para los creyentes no hay confrontación excluyente entre *fe y ciencia* ya que, aunque la fe esté en plano superior al de la razón, el Dios mismo que ha hecho tener al espíritu humano la luz de la razón, es el mismo que ha revelado los misterios. Por eso, la investigación metódica, cuando se actúa de una forma realmente científica y siguiendo una normativa moral, no estará nunca en oposición con la fe ya que las realidades de fe y las profanas tienen su mismo origen: Dios.[30]

Libertad de la fe

Ninguna persona está obligada a abrazar la fe cristiana en contra de su voluntad. La persona, si se decide a creer debe responder a Dios voluntariamente. El *acto de fe* es voluntario por propia naturaleza.[31] Cuando una persona se siente llamada por Dios a servirle, queda vinculada por su conciencia, pero no coaccionada. El propio Jesucristo invitó a sus coetáneos a la fe y a la conversión pero no forzó a nadie a seguirle.[32]

Necesidad de la fe

Según la Iglesia católica, para obtener la salvación es necesario creer en Cristo y en Quien le envió ya que sin la fe no se puede agradar a Dios. De la misma forma que la fe es un don gratuito que hace Dios a cada persona, al ser voluntario el acto de fe, también puede perderse voluntariamente —1 Tm 1, 18-19—. Si se tiene fe, para perseverar en ella, según la Iglesia católica y cristianos en general, debe alimentarse con la palabra de Dios y sostenida por la esperanza.[33]

Islam

En el islam, fe (*iman*) es una completa obediencia a la voluntad de Dios, que incluye creencia, profesión y acciones, consecuente al encargo de su representación en la Tierra, según la voluntad de Dios. La fe tiene dos aspectos: reconocer y afirmar que hay un Creador del universo y solo se debe adorar al Creador.

Judaísmo

Artículo principal: Trece principios de fe

La fe en sí misma no es un concepto del judaísmo. La única vez que se menciona "fe en Dios" dentro de los 24 libros del Tanaj, es en el verso 10 del capítulo 43 del Libro de Isaías. En este verso, el mandato de conocer a Dios es seguido por los mandamientos de creer y entender.[34]

No obstante, el judaísmo reconoce el valor *emuná*[35] (generalmente traducido como fe, confianza en Dios) y su estado negativo de *Apikorus* (herético), pero la fe no es tan destacado o central como en otras religiones, especialmente comparado con el cristianismo o islam. Podría ser un medio necesario para ser un judío religiosamente activo, pero el énfasis está puesto en el verdadero conocimiento, auténtica profecía y el actuar más que la fe en sí. Rara vez se relaciona con una enseñanza que deba ser creída.[34][36] El judaísmo no exige al fiel explícitamente identificar a Dios (un dogma central de la fe cristiana, que es llamada Avodah Zarah en el judaísmo, un forma menor de idolatría pero un gran pecado y prohibición estricta para los judíos). En cambio se pide honrar a la idea (personal) de Dios apoyada por los muchos principios citados del Talmud para definir al judaísmo, principalmente por lo que no es. Por tanto no existe una formulación establecida de los principios de la fe judía que sean imperativos para todos los judíos.

Sijismo

La fe tampoco es un concepto en el sijismo. Sin embargo, los cinco símbolos sijíes, conocidos como las cinco K, también se les conoce como "los cinco artículos de la fe". Estos son *kesh* (pelo sin cortar), *khanga* (pequeño peine de madera), *kara* (brazalete metálico), *kirpán* (espada/daga) y *khanga* (ropa interior especial). Los sijíes deben llevar estos cinco artículos de la fe todo el tiempo para protegerse de las malas compañías y mantenerse cerca de Dios.[37]

En la masonería

En la francmasonería, se habla de tres virtudes, mencionadas en la marcha del aprendiz: "Tengo fe en mis ideales, esperanza en realizarlos, por amor a la humanidad."[*cita requerida*]

Críticas

De acuerdo con Bertrand Russell, «No hablamos de la fe de que dos y dos son cuatro o de que la tierra es redonda. Solo hablamos de la fe cuando queremos sustituir la evidencia por la emoción». Bertrand Russell consideraba que *toda* fe es dañina. En su obra *Human Society in Ethics and Politics*, en su capítulo *Will Religious Faith Cure Our Troubles?* (*¿Puede la fe religiosa remediar nuestros problemas?*) argumentó que este proceso es una fuente de violencia, ya que pueblos distintos sustituyen la evidencia por emociones distintas. Russell denunció que, debido a que ninguna de ellas puede defenderse racionalmente, el proselitismo de niños pequeños y, si es necesario, la guerra son consecuencias inevitables de albergar fuertemente cualquier fe.[38]

Richard Dawkins describe a la fe como una creencia sin evidencia; un proceso activo de no pensar. Afirmó que es una práctica que solo degrada nuestro entendimiento del mundo natural al permitirle a cualquiera realizar una declaración sobre la naturaleza que está basada únicamente en sus pensamientos personales y sus percepciones posiblemente distorsionadas, que no requiere examinarla con la realidad, no tiene habilidad para realizar predicciones confiables y coherentes y no está sujeta a revisión por pares.[39]Tal visión ha de ser matizada, ya que, si bien la ciencia rigurosa ha de ser contrastable y cuantificable, ello no significa que fuera del conocimiento experimental no puedan encontrarse verdades respetables. Lo contrario sería, no ya ciencia, sino cientifismo.[40]

El Dr. Peter Boghossian, profesor de filosofía de la Universidad de Portland,[41] autor[42] y miembro honorario[43] de la Global Secular Council,[44] critica que las actuales definiciones de *fe* no reflejan fielmente su significado. Argumenta que cuando las personas usan la palabra *fe*, como en "Yo tengo fe en X", realmente no tienen *confianza* en X o *esperanza* de que X sea verdadero, sino que declaran que *saben* que X es verdadero. Además sostiene que la fe solo se alberga en la ausencia de buena evidencia que apoye a la creencia. En esa situación, Boghossian razona que la fe es una afirmación de conocimiento sin evidencia que la justifique. Por lo tanto propone la siguiente definición como la mejor descripción de *fe* en su uso real: "Fingir saber algo que no sabes".[45]

DOGMA

Un **dogma** de acuerdo al DRAE, es una "proposición que se asienta por firme y cierta, como principio innegable";[1] En las religiones abrahámicas, se entiende como una doctrina revelada por Dios, como fundamento o punto capital de toda doctrina o religión. Es un principio o conjunto de ellos establecidos por una autoridad como una verdad incuestionable.[2] Sirve como parte de las bases fundamentales de una ideología o sistema de creencias y que no puede alterarse o descartarse sin afectar a todo el paradigma del sistema o la ideología en sí. El término puede referirse a opiniones aceptadas por filósofos o escuelas, decretos públicos, religión o decisiones promulgadas por autoridades políticas.[3]

DOGMATISMO

El **dogmatismo** es una posición filosófica respecto de la posibilidad del conocimiento. Hace derivar el pensamiento del ser, presupone la supremacía del objeto respecto al sujeto y la capacidad del sujeto para recibir, sin distorsiones, la verdad del objeto tal como es en sí mismo y de forma independiente al sujeto. Por este motivo, para el dogmatismo la verdad existe; la verdad se entiende como correspondencia o adecuación entre la realidad (ser) y el pensamiento, y esa verdad objetiva legitima al dogmático como portavoz de la verdad y justifica su fundamentalismo intelectual.

Como alternativas al dogmatismo (de mayor a menor grado de radicalidad) se encuentran el escepticismo, el relativismo y el criticismo.

LIBREPENSADOR

Un **librepensador** es una persona que sostiene que las posiciones referentes a la verdad deben formarse sobre la base de la lógica, la razón y el empirismo en lugar de la autoridad, la tradición, la revelación o algún dogma en particular. Cualquier juicio así constituido debe llamarse «librepensamiento»[1] y quienes lo formulan son «librepensadores»,[2] personas que constituyen sus opiniones y certezas sobre un análisis imparcial de hechos y son dueñas de sus propias decisiones, independientemente de la imposición dogmática de cualquier institución, religión, tradición, tendencia política o cualquier movimiento activista que busque imponer su punto de vista ideológico o cosmovisión filosófica.

AXIOMA

Un **axioma** es una proposición asumida dentro de un cuerpo teórico sobre la cual descansan otros razonamientos y proposiciones deducidas de esas premisas.[1]

Introducido originalmente por los matemáticos griegos del período helenístico, el **axioma** se consideraba como una proposición «evidente» y que se aceptaba sin requerir demostración previa. [2]Posteriormente, en un sistema hipotético-deductivo, un axioma era toda proposición no deducida de otras, sino que constituye una regla general de pensamiento lógico (por oposición a los postulados).[3] Así en lógica y matemáticas, un **axioma** es solo una premisa que se asume, con independencia de que sea o no evidente, y que se usa para demostrar otras proposiciones. Actualmente se busca qué consecuencias lógicas comportan un conjunto de axiomas, y de hecho en algunos casos se opta por introducir un axioma o bien su contrario, viendo que ninguna de las dos parece una proposición evidente. Así, si tradicionalmente los axiomas se elegían de entre «afirmaciones evidentes», con el objetivo de deducir el resto de proposiciones, en la moderna teoría de modelos un axioma es solo una asunción, y en modo alguno se considera que la verdad o falsedad de los axiomas dependa del sentido intuitivo que se le pueda atribuir, o se recurre a que puedan ser autoevidentes.

En lógica un postulado es una proposición no necesariamente evidente: una fórmula bien formada (planteada) de un lenguaje formal utilizada en una deducción para llegar a una conclusión.

En matemática se distinguen dos tipos de proposiciones: axiomas lógicos y postulados.

FIDEISMO

El **fideísmo** es la doctrina, profesada por algunos religiosos, de que a Dios no se puede llegar por la razón, sino solamente a través de la fe. En la teología de varias iglesias cristianas (a excepción del catolicismo, que lo niega), el fideísmo es una de muchas perspectivas. Un sentido más amplio del término es que el fideísmo, al contrario del deísmo, esencialmente enseña que el razonamiento es más o menos irrelevante para la creencia religiosa. Específicamente, enseña que los argumentos sobre la existencia de Dios son falaces e irrelevantes, y que no tienen nada que ver con la teología cristiana. En resumen, sus argumentos son:

- La teología cristiana enseña que la gente es salvada por la fe.
- Pero, si la existencia de Dios puede ser *probada*, tanto por empirismo como por uso de la lógica, la fe sería irrelevante.
- Ergo, si la teología cristiana es verdadera, ninguna prueba de la existencia de Dios es posible.

Mientras que el centralismo de los asuntos de la fe y su rol en la salvación hacen al fideísmo de gran valía para el cristianismo, puede existir en otras religiones también. En el Islam, el teólogo Al-Ghazali tiende a una posición similar al fideísmo tertulianista en su *Talafut al-falasafa* (*La Incoherencia de los filósofos*). Donde los clamores de la razón entran en conflicto con la revelación, la razón cederá paso a la revelación. Esta posición se convirtió en la creencia estándar de la exégesis musulmana ortodoxa.

En general, entre los protestantes es donde se encuentran más frecuentemente actitudes fideístas. La Iglesia católica considera equivocada esta postura, que menosprecia la capacidad de la razón; sin embargo, en la práctica hay católicos que parecen sostenerla.

TEISMO AGNOSTICO

El **teísmo agnóstico**, también llamado **agnosticismo teísta** es el punto de vista filosófico que compagina el teísmo (creencia en un dios personal y providente, creador y conservador del mundo[1]) con el agnosticismo (actitud filosófica que declara inaccesible al entendimiento humano todo conocimiento de lo divino y de lo que trasciende la experiencia[2]).

Así, una persona agnóstica teísta cree que "existe algún dios", pero que es casi imposible de demostrar. Además, puede ser agnóstico respecto a las propiedades del dios que cree que existe.[3]

FE Y RACIONALIDAD

La **fe y razón** son dos formas de convicción que subsisten con más o menos grado de conflicto, o de compatibilidad. La fe generalmente es definida como fundamento en una creencia, como una convicción que admite lo absoluto. Mientras que la razón es fundamento en la evidencia, lo cual aproxima el objeto de fe a la idea del mito.En realidad, cada una tiene su propio ámbito de realización.[1] Según San Juan Pablo II, en su encíclica *Fides et ratio* (1998), «la fe y la razón (*fides et ratio*) son como las dos alas con las cuales el espíritu humano se eleva hacia la contemplación de la verdad».

Hablando en términos generales, hay tres categorías de perspectivas respecto a la relación entre fe y razón. El racionalismo sostiene que la verdad debería ser determinada por la razón y el análisis de los hechos, más que en la fe, el dogma o la enseñanza religiosa y esta es inútil para la concepción del mundo. El fideísmo considera que la fe es necesaria, y que las creencias deben tener cabida sin la evidencia o la razón, aún esté en conflicto con ellas. La teología natural considera que fe y razón son compatibles, de manera que la evidencia y la razón finalmente llevan a la creencia en los objetos de fe.

RELACIÒN ENTRE CIENCIA Y RELIGIÒN

Se habla de la **relación entre la ciencia y la religión** para indicar los estudios y discusiones que surgen a la hora de establecer relaciones y de deslindar ámbitos de estudio entre lo que es propio de la fe y de las religiones, y lo que es de la ciencia en sus distintas ramificaciones.

La relación entre religión y ciencia ha sido sujeto de estudio desde la antigüedad, entre filósofos, teólogos, científicos y otros. Diferentes perspectivas regionales, culturas y épicas son diversas, caracterizada por algunos como conflictiva, otros describiéndola como armónica y otros proponiéndola de baja interacción.

RAZÒN

La razón es la facultad del ser humano de pensar, reflexionar para llegar a una conclusión o formar juicios de una determinada situación o cosa.[1] La palabra razón proviene del latín *ratio*, *rationis* que significa "cálculo, razón o razonamiento".

No obstante, el término razón puede tener varios significados todo depende de cómo sea empleada. La razón es el argumento que una persona alega para probar algo o persuadir a otra persona de sus argumentos. Asimismo, razón es la causa determinante del proceder de una persona y de un hecho.

El razonamiento puede ser deductivo, quiere decir, que la conclusión está comprendida en las premisas e inductivo se logra conclusiones generales de algo particular.

FIDES ET RATIO

Fides et Ratio (latín: *Fe y Razón*) es una carta encíclica publicada por el Papa Juan Pablo II el 14 de septiembre de 1998. Trata sobre las relaciones entre fe y razón.

COSMOVISIÒN

Una **cosmovisión** es una imagen o figura general de la existencia, realidad o mundo que una persona, sociedad o cultura se forman en una época determinada; y suele estar compuesta por determinadas percepciones, conceptuaciones y valoraciones sobre dicho entorno.

A partir de las acciones, los agentes cognitivos (sean estos personas o sociedades) interpretan su propia naturaleza y la de todo lo existente, y definen las nociones comunes que aplican a los diversos campos de la vida, desde la política, la economía o la ciencia hasta la religión, la moral o la filosofía. Así que, a fin de cuentas, se trata de la manera en que una sociedad o persona percibe el mundo y lo interpreta.

COSTUMBRE

Costumbre es un hábito o tendencia adquirida por la práctica frecuente de un acto. Las costumbres de la vida cotidiana son distintas en cada grupo social conformando su idiosincrasia distintiva, que, en el caso de grupos definidos localmente, conforman un determinado carácter nacional, regional o comercial.[1]

Las **costumbres** son formas de comportamiento particular que asume toda una comunidad y que la distinguen de otras comunidades; como sus danzas, fiestas, comidas, idioma o artesanía.

Estas costumbres se van transmitiendo de una generación a otra, ya sea en forma de tradición oral o representativa, o como instituciones. Con el tiempo, estas costumbres se convierten en tradiciones.

Generalmente se distingue entre las que cuentan con aprobación social (buenas costumbres), y las consideradas "malas costumbres", que son relativamente comunes y asociadas a los vicios, pero que no cuentan con la aprobación social, y suelen promulgarse leyes para tratar de modificar las costumbres.

EPISTEME

Episteme es un término que etimológicamente procede del griego ἐπιστήμη *epistḗmē* que viene de 'conocimiento' o 'ciencia', clásicamente los pensadores griegos hacían una distinción entre episteme y τέχνη *téknē* o 'técnica'. En la terminología de Platón, *episteme* significa conocimiento en tanto «conocimiento justificado como verdad», a diferencia del término «doxa», que se refiere a la creencia común o mera opinión.

La palabra epistemología significa el estudio de la teoría del conocimiento y es obtenida de episteme.

PARADIGMA

El concepto de **paradigma** es utilizado comúnmente como sinónimo de "ejemplo" o para hacer referencia en caso de algo que se toma como "modelo". En principio se tenía en cuenta en el campo, tema, ámbito, entre dos personalidades u otros..., gramatical (para definir su uso en un cierto contexto) y se valoraba desde la retórica (para hacer mención a una parábola o fábula). A partir de la década de 1960, los alcances de la noción se ampliaron y paradigma comenzó a ser un término común en el vocabulario científico y en expresiones etimológicas cuando se hacía necesario hablar de modelos de conocimiento aceptados por las comunidades científicas.

IMAGO MUNDI

Imago Mundi es el título original y en latín de varios libros incluyendo el más famoso que es un texto de cosmografía, escrito en 1410 por el teólogo francés Pierre d'Ailly. **Imago** es un latinismo que significa *imagen* o incluso *representación*. Por tanto, el título del libro es "Imagen del Mundo". Posteriormente se ha generalizado su uso para expresar la interpretación y representación del mundo en un momento de la historia.

SESGO DE CONFIRMACIÒN

El **sesgo de confirmación** o **sesgo confirmatorio** es la tendencia a favorecer, buscar, interpretar, y recordar, la información que confirma las propias creencias o hipótesis, dando desproporcionadamente menos consideración a posibles alternativas.[1]Se trata de un tipo de sesgo cognitivo y un error sistemático del razonamiento inductivo. Las personas muestran esta tendencia cuando reúnen o recuerdan información de manera selectiva, o cuando la interpretan sesgadamente. El efecto es más fuerte en publicaciones con contenido emocional y en creencias firmemente enraizadas. También tienden a interpretar que las pruebas ambiguas apoyan su postura existente. Se ha invocado la búsqueda sesgada, la interpretación y la memoria para explicar la polarización de las actitudes (cuando un desacuerdo se hace más extremo o polarizado a pesar de que las diferentes partes están expuestas a las mismas pruebas), la perseverancia de las creencias (cuando las creencias de las personas persisten pese a que se ha demostrado su falsedad), el efecto de primacía irracional (cuando se tiene mayor confianza a las primeras experiencias tenidas con algún hecho, que a las más recientes) y la correlación ilusoria (cuando la gente falsamente percibe una asociación entre dos acontecimientos o situaciones).[2]

Una serie de experimentos en los años sesenta sugirió que las personas están sesgadas hacia la confirmación de sus creencias existentes. Investigaciones posteriores reinterpretaron estos resultados como una tendencia a probar ideas de un modo unilateral, centrándose en una posibilidad e ignorando las alternativas. En ciertas situaciones, esta tendencia puede sesgar las conclusiones personales. Entre las explicaciones de las tendencias observadas se encuentran el pensamiento ilusorio y la limitada capacidad humana para procesar la información. Otra explicación es que las personas muestran un sesgo confirmatorio porque sopesan los costes de equivocarse más que el investigar de un modo neutral y científico.[2]

El sesgo de confirmación contribuye al exceso de confianza en las creencias personales y puede mantener o reforzar estas creencias ante evidencias contrarias. Se han encontrado decisiones pobres debido a este sesgo en contextos militares, políticos y de organización.

ETHOS

Ethos es una palabra griega (en griego antiguo, ἦθος *ễthos*) que significa mi "costumbre y conducta" y, a partir de ahí, "conducta, carácter, personalidad". Es la raíz de términos como ética y etología.

JHON LUCY

John A. Lucy (1949) es un lingüista y psicólogo estadounidense que ha estudiado las relaciones entre el lenguaje y la cognición - la hipótesis de Sapir-Whorf - durante los últimos 30 años. Es profesor William Benton en el Departamento de Desarrollo Humano Comparativo y en el Departamento de Psicología de la Universidad de Chicago.[1][2] Ha trabajado extensamente con el idioma yucateco, especializándose en su sistema de clasificación nominal.[3][4]

PATHOS

Pathos es un vocablo griego (πάθος)[1] que puede tomar varias acepciones.

PREJUICIO COGNITIVO

Un **sesgo cognitivo** es un efecto psicológico que produce una desviación en el procesamiento mental, lo que lleva a una distorsión, juicio inexacto, interpretación ilógica, o lo que se llama en términos generales irracionalidad, que se da sobre la base de la interpretación de la información disponible, aunque los datos no sean lógicos o no estén relacionados entre sí.[123] Los sesgos sociales se denominan generalmente sesgos atribucionales y afectan a nuestras interacciones sociales de cada día, también están presentes en la probabilidad y toma de decisiones. Ante un estado de confusión, es importante precisar y destacar los mecanismos netamente cognitivos de los intelectivos ya que estos últimos corresponden en la intuición a sesgos preceptivos conocidos comúnmente como falacias.

La existencia de sesgos cognitivos parece ser un rasgo adaptativo surgido durante la evolución humana, que ayudaría a tomar decisiones rápidas ante ciertos estímulos potencialmente dañinos, en situaciones en las que una respuesta inmediata puede ser más valiosa para la supervivencia que un análisis detallado.[4] Esta inmediatez puede conducir a tomar decisiones erróneas, a veces, con consecuencias graves.[5]

La psicología cognitiva estudia este efecto, así como otras estrategias y estructuras que utilizamos para procesar la información, habiendo identificado una gran cantidad de ellos, con frecuencia relacionados entre sí.[6]

LA HIPOTESIS DE SAPIR-WHORF

La **hipótesis de Sapir-Whorf** es una suposición del campo de la lingüística. Fue derivada, de manera póstuma, de los escritos de Benjamin Whorf, quien atribuyó la idea a su profesor Edward Sapir. La expresión "hipótesis Sapir-Whorf" se debe a Harry Hoijer (1954). En el contexto de averiguar hasta qué punto un determinado idioma, con sus estructuras gramaticales y su léxico, determina la visión del mundo que tiene la correspondiente comunidad lingüística, esta hipótesis se puede formular diciendo que la lengua da forma al pensamiento. Muchos expertos en el tema identifican este concepto con el llamado "relativismo lingüístico". [1]

Se puede distinguir entre una versión fuerte y una versión laxa de la hipótesis.

- Hipótesis whorfiana *fuerte*: La lengua determina el pensamiento y las categorías lingüísticas limitan y determinan las categorías cognitivas. Esta postura se conoce como *determinismo lingüístico.*
- Hipótesis whorfiana *laxa*: Las categorías lingüísticas tan solo *influyen* en el pensamiento y las decisiones.

La versión fuerte es la que mantuvieron algunos de los primeros lingüistas de antes de la Segunda Guerra Mundial, mientras que la versión débil es la que tienden a defender los lingüistas contemporáneos. [2]

MAINSTREAM

Mainstream o corriente/tendencia mayoritaria[1] (la traducción varía según el contexto, pudiéndose usar *mayoritario, convencional*, *principal* o *dominante*, entre otros) es pensamiento actual que está extendido.[23] Incluye toda la cultura popular y la cultura de masas, típicamente diseminada por los medios de comunicación de masas. Debe distinguirse de las subculturas y las contraculturas, y en el extremo opuesto hay seguidores de culto y teorías marginales. El escritor francés Frédéric Martel acuña este término para describir cómo funciona la industria del entretenimiento en su libro *Cultura Mainstream: cómo nacen los fenómenos de masas*[4] (Taurus, 2010), y el escritor mexicano Luis Batista retoma esa misma idea para analizar el fenómeno de la globalización en su libro *Mainstream: el hilo negro de la globalización* (Pármenas, 2021).

Esta palabra a veces es usada en un sentido peyorativo por subculturas que ven a la cultura predominante como no solo exclusiva sino también artística y estéticamente inferior. En los Estados Unidos, a veces se hace referencia a las iglesias tradicionales protestantes como sinónimo de "corriente principal".[56]

CREENCIA

Creencias son estados de la mente en los que uno supone que algo es verdadero o probable. Se expresan lingüísticamente mediante afirmaciones.[1] Hay desacuerdo sobre cuáles son las características esenciales de las creencias: los *representacionalistas* identifican creencias con actitudes proposicionales hacia representaciones mientras que los *funcionalistas* ven su papel causal como esencial y los *interpretacionistas* se centran en la dependencia de la interpretación de otra persona.

El concepto de creencia se aplica a diferentes tipos de actitudes mentales, que pueden clasificarse utilizando algunas distinciones básicas. Las creencias *ocurrentes* son conscientes o causalmente activas de alguna otra manera, mientras que las creencias *disposicionales* están actualmente inactivas. Las creencias *plenas* implican la aceptación sin reservas de que algo es cierto, mientras que las creencias *parciales* incluyen un grado de certeza con respecto a la probabilidad. En su significado principal, creencia se considera como *creencia-de-que*, es decir, como una actitud mental hacia una proposición o un estado de cosas. Esto contrasta con el uso como *creencia-en*, que a menudo se refiere a la confianza en una persona o a una actitud hacia la existencia de algo. Este sentido desempeña un papel central en la creencia religiosa con respecto a la creencia en Dios. Hay varias teorías sobre cómo el contenido de una creencia depende del contenido de otras creencias mantenidas por la misma persona. Los *atomistas* niegan tales relaciones de dependencia, los *molecularistas* las restringen a creencias estrechamente relacionadas, mientras que los *holistas* sostienen que pueden existir entre creencias cualesquiera. Los *externalistas* asumen que las creencias de una persona dependen de su relación con el entorno, mientras que los *internalistas* sostienen que están determinadas únicamente por lo que ocurre en la cabeza de esa persona.

Las creencias desempeñan un papel central en la epistemología, donde el conocimiento se ha definido tradicionalmente como creencia verdadera justificada. Hay diferentes vías de formación de creencias: las creencias pueden originarse internamente, cuando se basan en las propias experiencias del creyente, o externamente, cuando se adoptan de otras personas.

SENTIDO COMUN

La expresión ***sentido común*** describe las creencias o proposiciones que se alimentan por la sociedad (familia, clan, pueblo, nación o entera humanidad).

SENTIDO DE LA VIDA

La cuestión del **sentido de la vida** ha llevado a distintas interrogaciones sobre el objetivo y el significado de la vida, o de la existencia más en general, o del Universo, de manera que surgen preguntas como *¿por qué estamos aquí?*, *¿de dónde venimos?* o *¿a dónde vamos?* a lo largo de la historia, y en todas las civilizaciones.

TEORIA FILOSOFICA

Una **teoría filosófica**[1] es una teoría que explica una rama específica de filosofía.[2] Si bien cualquier tipo de tesis puede ser llamada una teoría, en la filosofía analítica se reserva el término «teoría» a los intentos sistemáticos para resolver problemas.[3]

Los teoremas elementales que comprenden una teoría filosófica consisten de declaraciones que son creídas ser verdaderas por los pensadores que las aceptaron y que pueden ser o no ser empíricas. Las ciencias tienen una idea muy clara de qué es una teoría; sin embargo, en las artes, como la filosofía, la definición es más vaga.[1] Las teorías filosóficas no son necesariamente teorías científicas, aunque pueden consistir de declaraciones empíricas y no empíricas.

En esencia, todos los movimientos filosóficos, escuelas de pensamiento y sistemas de creencias consisten en teorías filosóficas. También se incluyen entre las teorías filosóficas muchos principios, hipótesis, normas, paradojas, leyes, así como las 'ologías', 'ismos' y efectos.[1]

INCREENCIA

La **increencia** es la falta de creencias religiosas, la postura opuesta a la creencia. Este término se solapa con el de ateísmo débil, una forma de ateísmo que no niega categóricamente la existencia de dioses (como sí hace el ateísmo fuerte) sino que se caracteriza por la ausencia de fe en su existencia. También pueden calificarse como increencia el agnosticismo y la espiritualidad no religiosa.

La increencia es un fenómeno que viene de la mano de la secularización y la indeferencia hacia el hecho religioso, y concierne sobre todo la modernidad. En este ámbito se produce un debate entre posturas clericalistas y laicistas acerca del lugar que debe ocupar la religión en la sociedad. Actos de crítica o sátira de la religión como las caricaturas de Mahoma o las procesiones laicas producen una división de opiniones entre quienes los califican de legítimo ejercicio de la libertad de expresión y quienes ven en ellos una ofensa innecesaria.

LAICISISMO

El **laicismo** es la corriente de pensamiento, ideología, movimiento político, legislación o política de gobierno que defiende o favorece la existencia de una sociedad organizada aconfesionalmente, es decir, de forma independiente, o en su caso ajena a las confesiones religiosas. Su ejemplo más representativo es el «Estado laico» o «no confesional». El término «laico» (del griego *λαϊκός*, laikós: «popular», de la raíz *λαός*, laós: «pueblo») aparece primeramente en un contexto cristiano.

El concepto de «Estado laico», opuesto al de «Estado confesional», surgió históricamente de la separación Iglesia-Estado que tuvo lugar en Francia a finales del siglo XIX, aunque la separación entre las instituciones del Estado y las Iglesias u organizaciones religiosas se ha producido, en mayor o menor medida, en otros momentos y lugares, normalmente vinculada a la Ilustración y a la Revolución liberal.

Los laicistas consideran que su postura garantiza la libertad intelectual además de la no imposición de las normas y valores morales particulares de ninguna religión o de la irreligión. El laicismo busca la secularización del Estado.[1] Se distingue del ateísmo de Estado, en cuanto busca la neutralidad del mismo; y del anticlericalismo y la antirreligión radicales, en cuanto no condena la existencia y práctica de las religiones.

SECULARISMO

El **secularismo** (de secular) es aquel pensamiento o actuación que es perteneciente o relativo a la vida, estado o costumbre del siglo o mundo y, por tanto, que no tiene órdenes clericales y es ajeno a las prácticas y usos religiosos.

ATEISMO

El **ateísmo** es, en su sentido más amplio, la ausencia de la creencia en la existencia de las deidades.[1234] En sentido estricto, es el rechazo de la creencia de que cualquier deidad exista.[56] En una definición aún más restringida, el ateísmo es específicamente la postura que defiende que no existen las deidades.[1278] Se opone al teísmo,[910] que en su forma más general es la creencia en la existencia de al menos una deidad.[41011]

El término *ateo* proviene etimológicamente del latín *athĕus* y este del griego ἄθεος, que significa ‘sin dios(es)’ y fue empleado de forma peyorativa para referirse a quienes rechazaban a los dioses adorados por su sociedad.[12] Con el surgimiento y la difusión del librepensamiento, el escepticismo científico y el subsecuente incremento de la crítica de la religión, disminuyó el alcance del término. Las primeras personas en identificarse a sí mismas con la palabra «ateo» vivieron en la Ilustración durante el siglo XVIII.[13] La Revolución francesa, notable por su «ateísmo sin precedentes», presenció el primer gran movimiento político de la historia en abogar por la supremacía de la razón humana.[14]

Los argumentos a favor del ateísmo abarcan desde aspectos filosóficos a perspectivas sociales e históricas. Las razones para no creer en deidades incluyen argumentos de ausencia de evidencia empírica,[1516] el problema del mal, el argumento de las revelaciones inconsistentes, el rechazo a conceptos infalsables y el argumento de la no creencia, entre otros.[1517]Si bien algunos ateos han adoptado filosofías seculares (como el humanismo y el escepticismo),[1819] no existe una ideología o código de conducta único al que todos los ateos adhieran.[20] Muchos de ellos sostienen que el ateísmo es una cosmovisión más parsimoniosa que el teísmo y que por tanto la carga de la prueba no recae en quien no cree en la existencia de dioses, sino que es el creyente quien debe justificar su teísmo.[21]

Dado que las nociones de *ateísmo* varían, las estimaciones precisas de cuántos ateos existen en el globo es una tarea compleja.[22] Según una estimación hecha en 2007, los ateos representaban el 2,3 % de la población mundial, además del 11,9 % de no religiosos (ateos no incluidos).[23] En una encuesta de WIN/GIA de 2012 se preguntó «Independientemente de si asiste a un lugar de culto o no, ¿diría usted que es una persona religiosa, no religiosa o un ateo convencido?». El 59 % de la población mundial se identificó como religiosa, el 23 % como no religiosa y el 13 % se declaró atea convencida. Los ateos están concentrados principalmente en Asia Oriental, especialmente en China (47 %) y Japón (31 %), y en Europa Occidental (en promedio 14 %), donde sobresale Francia (29 %). En comparación con el mismo estudio realizado en 2005, en siete años la religiosidad disminuyó nueve puntos porcentuales mientras que los ateos aumentaron tres en los países en común.[24]

AGNOSTICISMO

El **agnosticismo** (del griego antiguo α- [*a-*], 'sin'; y γνώσις [*gnōsis*], 'conocimiento') es la postura que considera que la veracidad de ciertas afirmaciones —especialmente las referidas a la existencia o inexistencia de Dios, además de otras afirmaciones religiosas y metafísicas— son desconocidos (agnosticismo moderado) o inherentemente incognoscibles (agnosticismo radical).[123]

El biólogo británico Thomas Henry Huxley acuñó la palabra *agnóstico* en 1869. Sin embargo, algunos pensadores y obras de la antigüedad ya habían promovido puntos de vista agnósticos, incluido el agnosticismo de Sanyaia Belatthaputta (filósofo indio del siglo V a. C.) respecto de la existencia de cualquier forma de vida más allá de la muerte,[456] el de Protágoras (filósofo griego del siglo V a. C.) sobre los dioses[7] y el del «Himno de la creación», parte del texto sagrado indio *Rig-veda* (uno de los textos conocidos más antiguos, compuesto probablemente entre 1500 a. C.-1200 a. C.), acerca del origen del universo.[8910]

Desde que Huxley creó el término, muchos pensadores han escrito extensamente sobre el tema.

IRRELIGIÒN

La **irreligión** es el hecho de no practicar o seguir una religión organizada. Este término engloba nociones muy diversas: el ateísmo, el agnosticismo, el deísmo, no creyentes, el escepticismo religioso y el librepensamiento. En particular, ser irreligioso no implica necesariamente una falta de creencia en una o más deidades. En los estudios demoscópicos la irreligión se expresa como «sin religión» o «sin afiliación religiosa».

De acuerdo con el Pew Research Center un estudio global en 2020 compuesto por 230 países y territorios, concluyó que solo el 15.6% de la población mundial no está afiliada a una religión, mientras que el 84.4% sí están afiliados.[1]

Aproximadamente 1200 millones de personas alrededor del mundo no practican una religión, especialmente en Europa, la Ex-Unión Soviética, Asia Oriental, Oceanía y América.[1]

CREENCIA RELIGIOSA

Las **creencias religiosas** son ideas consideradas verdaderas por quienes profesan una determinada religión. Una religión comprende no solo las creencias religiosas, sino también la puesta en práctica de las mismas a través de ciertos actos especiales (ritos o rituales religiosos, a los que en sentido restringido a veces también se los denomina culto). Por medio de estas ideas, el practicante cree que puede comunicarse con una deidad.

Las religiones reconocen en general un fundador, quien establece las doctrinas religiosas, que incluyen las creencias religiosas y todo tipo de orientaciones morales y vitales, incluyendo cuestiones políticas, sociales e ideológicas. Todas ellas son de muy variada interpretación (exégesis) posterior.

La mayoría de las religiones poseen sus fuentes teológicas, un determinado o indeterminado número de escritos o tradiciones orales que consideran, ya sea inspirados o revelados por divinidades (y por lo tanto sagrados), o no inspirados pero de provecho espiritual. Entre otros están la Biblia para los cristianos, el Corán, para los musulmanes, la Torá, para los Judíos , el Bhagavad Gita para los Indues, y El Libro del Guardian para los Guardianes de la **Virgen del Chaquishcahuayco,** etc.

Las creencias religiosas se refieren a un estado mental en el que se pone la fe en algo sobrenatural, sagrado o divino (en terminología de Mircea Eliade "numinoso"). Tal estado se relaciona con:

- la existencia, características y culto hacia una deidad o deidades;
- la intervención divina en el universo y la vida humana (providencia)
- los valores y prácticas centradas en las enseñanzas de un líder espiritual

En contraste con otros sistemas de creencias, las creencias religiosas están, habitualmente, dirigidas desde unos principios a modo de máximas que integran su doctrina. Dichos principios son también considerados artículos de fe. La distinción entre creencia (pistis) y fe (elpis), es que los artículos de la fe constituyen una verdad de carácter superior que ningún filósofo puede discutir. En el mismos sentido la verdad es solo alcanzable para el fiel a una religión por la aprehensión, captación e iluminación de la Verdad contenida en la fe religiosa codificadas.

CREENCIA EN DIOS

La **creencia en Dios**, su opuesto -la increencia-, los distintos grados entre ambas,[2] y las distintas formas de tal creencia, son un tema central del pensamiento. En él confluyen la teología, la filosofía o la antropología.[3]

... en la actualidad Dios no encuentra fácil acomodo, al menos en la geografía occidental. Hace más de un siglo que Nietzsche... lo declaró viejo y cansado, incapaz de asumir las tareas que los nuevos tiempos demandan [-muerte de Dios-]. Y un gran conocedor e intérprete de Nietzsche, M. Heidegger, no tuvo reparo en afirmar que “en el ámbito del pensamiento es mejor no hablar de Dios”. ... Occidente ha seguido, más bien, el itinerario de Feuerbach: "Dios fue mi primer pensamiento, el segundo la razón, y el tercero y último el hombre". En el ámbito filosófico, la teología de ayer se llama hoy antropología. Y tampoco asistimos en la actualidad a contundentes proclamaciones de ateísmo. El ardor negativo de otros tiempos ha dado paso al desinterés actual. Muchos ateos de ayer prefieren llamarse hoy increyentes.[3]

La creencia en Dios puede darse mediante muy distintas posiciones teístas: el politeísmo (creencia en múltiples divinidades), el henoteísmo (consideración de una sola divinidad como digna de culto, negando tal condición a otras, cuya existencia puede ser o no objeto de cuestión), el monoteísmo (creencia en un solo Dios), el panenteísmo (creencia en un Dios que subsume y trasciende el universo), el panteísmo (creencia en un Dios identificado con el universo), etc.

El ateísmo niega la creencia en la existencia de Dios y el agnosticismo niega el conocimiento de tal existencia (o incluso la posibilidad misma de tal conocimiento).

Las distintas religiones no son tanto diferentes formas o propuestas de creencia en Dios[4] como cuerpos doctrinales que orientan la vida y que en consecuencia generan un modo de actuar.[5]

Se han buscado razones biológicas, psicológicas y sociológicas para explicar la prevalencia de la creencia en Dios en la población en general, así como las diferencias entre distintos grupos humanos y a lo largo de la historia.[6]

FAITH OFF

Faith Off, llamado *Incredulidad* en España y *Pérdida de fe* en Hispanoamérica, es un episodio perteneciente a la temporada N° 11 de la serie animada *Los Simpson*, estrenado en Estados Unidos en la cadena FOX el 16 de enero de 2000.[1] Fue escrito por Frank Mula, dirigido por Nancy Kruse, y la estrella invitada fue Don Cheadle como el

Hermano Fe. En el episodio, Bart, luego de sacarle un balde con pegamento a Homer de la cabeza, comienza a ser aclamado como un niño milagroso.

SHE OF LITTLE FAITH

She of Little Faith, llamado *Ella de poca fe* en España y *Lisa de poca fe* en Hispanoamérica, es un episodio perteneciente a la decimotercera temporada de la serie animada *Los Simpson*, emitido originalmente el 16 de diciembre de 2001.[2] El episodio fue escrito por Bill Frielberger y dirigido por Steven Dean Moore, y Richard Gere fue la estrella invitada. En este capítulo, Lisa se convierte al Budismo.

BART SELLS HIS SOUL

Bart Sells His Soul, titulado ***Bart Vende su Alma*** tanto en Hispanoamérica como en España, es el cuarto episodio de la séptima temporada de la serie animada *Los Simpson*, estrenado originalmente el 8 de octubre de 1995.[2] Fue escrito por Greg Daniels y dirigido por Wes Archer. En el episodio, Bart, escéptico, le vende su alma a Milhouse por cinco dólares, pero luego de unos días se da cuenta de su error y trata de recuperarla.

LISA THE SKEPTIC

Lisa the Skeptic, (***Lisa, la escéptica*** en España y ***La escéptica Lisa*** en Hispanoamérica), es el octavo episodio de la novena temporada de *Los Simpson*, estrenado originalmente el 23 de noviembre de 1997.[1] En una excavación arqueológica de su clase, Lisa descubre un esqueleto con la forma de un ángel. Todos en la ciudad creen que el esqueleto es de hecho un ángel con la excepción de Lisa, quien es escéptica e intenta persuadirlos de que debe haber una explicación racional y científica. El escritor del episodio, David S. Cohen, se inspiró luego de visitar el Museo Americano de

Historia Natural y decidió usar temas libremente homólogos a aquellos del Juicio de Scopes.[2] El episodio recibió análisis positivos.

Se ha discutido este capítulo en el contexto de la realidad virtual, la ontología, el existencialismo y el escepticismo.[3] También ha sido utilizado en clases de educación cristiana para iniciar discusiones sobre ángeles, escepticismo, ciencia y religión.[4]

REFERENCIA

https://es.wikipedia.org/wiki/Fe

LAS CLAVES SOBRE LA CARTA SOBRE LA FE

JOSE BELTRÁN

LA RAZÓN

CREADA.06-07-2013 | 02:42 H

ÚLTIMA ACTUALIZACIÓN.06-07-2013 | 02:42 H

Un mundo sombrío, a falta de luz

«Deseo hablar precisamente de esta luz de la fe para que crezca e ilumine el presente, y llegue a convertirse en estrella que muestre el horizonte de nuestro camino en un tiempo en el que el hombre tiene especialmente necesidad de luz»

Francisco se plantea como el objetivo de esta encíclica presentar la fe, no como algo caduco que no tiene cabida para «un hombre adulto» y que, como señalaba Nietzsche, le «quita novedad y aventura a la vida». Así el Papa destierra la idea de que la fe sea un mero «sentimiento ciego», subjetivo. Todo lo contrario, nos permite «distinguir el bien del mal, la senda que lleva a la meta de aquella otra que nos hace dar vueltas y vueltas».

Buscar la verdad en todo

«Recuperar la conexión de la fe con la verdad es hoy aún más necesario, precisamente por la crisis de verdad en que nos encontramos. En la cultura contemporánea se tiende a menudo a aceptar como verdad sólo la verdad tecnológica»

Retomando el diálogo fe y razón que Juan Pablo II desarrolló, el Santo Padre recuerda que «el hombre tiene necesidad de conocimiento, tiene necesidad de verdad». De hecho defiende que «la fe, sin verdad, no salva», se queda en «una bella fábula». De la misma manera, lamenta que el hombre se quede sólo en considerar como verdadero «aquello que el hombre consigue construir y medir con su ciencia». De hecho, sentencia que «la fe no es un refugio para gente pusilánime, sino que ensancha la vida».

No al totalitarismo y al relativismo

«Es lógico que se pretenda deshacer la conexión de la religión con la verdad, porque este nexo estaría en la raíz del fanatismo, que intenta arrollar a quien no comparte las propias creencias»

En esa búsqueda de la verdad, el Papa reflexiona sobre dos extremos. El primero es el de los totalitarismos del siglo XX, abanderados por «una verdad que imponía su propia concepción global para aplastar la historia concreta del individuo». El segundo es el relativismo, denuncia constante de Benedicto XVI, que nace al considerar que tener una verdad «grande», por ejemplo Dios, implicaba negar a la persona, siendo origen del fanatismo. «Una verdad común nos da miedo, porque la identificamos con la imposición intransigente de los totalitarismos», subraya para defender que «la fe no es intransigente, sino que crece en la convivencia que respeta al otro. El creyente no es arrogante; al contrario, la verdad le hace humilde».

El amor no es un sentimiento pasajero

«El amor no se puede reducir a un sentimiento que va y viene (...) Sólo en cuanto está fundado en la verdad, el amor puede perdurar en el tiempo, superar la fugacidad del instante y permanecer firme»

Francisco rebate al filósofo Ludwig Wittgenstein, que considera «que creer sería algo parecido a una experiencia de enamoramiento, entendida como algo subjetivo, que no se puede proponer como verdad válida para todos». Frente a ello, plantea la fe como un vínculo en el que «amor y verdad no se pueden separar. Sin amor, la verdad se vuelve fría, impersonal, opresiva para la vida concreta de la persona».

La ciencia, con cabeza y corazón

«La fe despierta el sentido crítico, en cuanto que no permite que la investigación se conforme con sus fórmulas y la ayuda a darse cuenta de que la naturaleza no se reduce a ellas»

La encíclica también tira por tierra la idea de que la Religión limite los horizontes de la ciencia. Más bien, «la mirada de la ciencia se beneficia de la fe: ésta invita al científico a estar abierto a la realidad, en toda su riqueza inagotable». De esta manera, permite al investigador acercarse con criterio a la realidad en la que se mueve, «invitando a maravillarse ante el misterio de la creación, la fe ensancha los horizontes de la razón para iluminar mejor el mundo que se presenta a los estudios de la ciencia».

Reivindicar los sacramentos y la unidad de la Iglesia

«La fe necesita un ámbito en el que se pueda testimoniar y comunicar, un ámbito adecuado y proporcionado a lo que se comunica (...). Este medio son los sacramentos, celebrados en la liturgia de la Iglesia»

En un tiempo en el que la vivencia cotidiana de la fe parece debilitarse entre muchos cristianos, que no participan de forma activa en la Iglesia, Francisco reivindica el papel de los sacramentos para vivir esa fe, «su tradición viva». Por eso, no es «suficiente un libro» porque no se trata de «asentir a un conjunto de verdades abstractas», sino que subraya el papel que juegan tanto el bautismo como la eucaristía. Aun siendo conscientes de que hay «algunos puntos de la fe más fáciles o difíciles de aceptar». Subraya la necesidad de trabajar por la unidad de la Iglesia: «Quitar algo a la fe es quitar algo a la verdad de la comunión».

La familia, unión de un hombre y una mujer

«El primer ámbito que la fe ilumina en la ciudad de los hombres es la familia. Pienso sobre todo en el matrimonio, como unión estable de un hombre y una mujer»

Francisco ve en la familia esa Iglesia doméstica en la que cuidar que la fe crezca. De ahí que reivindique el matrimonio, como la unión entre un hombre y una mujer, «signo y presencia del amor de Dios», y ponga en valor el «reconocimiento y la aceptación de la bondad de la diferenciación sexual, que permite a los cónyuges unirse en una sola carne (cf. Gn 2,24) y ser capaces de engendrar una vida nueva». Recuerda el papel de los padres durante la infancia y la adolescencia, y aprovecha para aplaudir cómo las Jornadas Mundiales de la Juventud «manifiestan la alegría de la fe, el compromiso de vivir una fe cada vez más sólida y generosa».

La indiscutible dignidad de la persona

«Gracias a la fe hemos descubierto la dignidad de cada persona, que no era tan evidente en el mundo antiguo (...) Cuando se oscurece esta realidad, falta el criterio para distinguir lo que hace preciosa y única la vida del hombre»

La encíclica reivindica las raíces cristianas de la sociedad actual y cómo es Jesús quien plantea la idea de la fraternidad, tomando a Dios como Padre, y viendo al otro como el hermano. Considerar al que tengo al lado como prójimo se genera la igualdad «para que todos sean uno». El Obispo de Roma alerta de que, cuando el hombre pierde este horizonte, «renunciando a su responsabilidad moral, o bien pretende ser árbitro absoluto», se atribuye «un poder de manipulación sin límites».

Un desarrollo sostenible y gobiernos justos

«La fe, además, revelándonos el amor de Dios, nos hace respetar más la naturaleza, pues nos hace reconocer en ella una gramática escrita por él y una morada que nos ha confiado para cultivarla y salvaguardarla»

La apuesta por una ecología humana y un desarrollo que apuntaló Benedicto XVI también tiene presencia en la carta firmada por Francisco. Así, la fe «nos invita a buscar modelos de desarrollo que no se basen sólo en la utilidad y el provecho, sino que consideren la creación como un don del que todos somos deudores; nos enseña a identificar formas de gobierno justas» que permanezcan «al servicio del bien común».

Una luz ante el sufrimiento humano

«Al hombre que sufre, Dios no le da un razonamiento que explique todo, sino que le responde con una presencia que le acompaña»

Poniendo a Francisco de Asís y a Teresa de Calcuta como ejemplo de aquellos que han sabido captar «el misterio del sufrimiento», el Papa recuerda que «no les han quitado todos sus sufrimientos, ni han podido dar razón cumplida de todos los males que los aquejan». Reconoce que «la luz de la fe no disipa todas nuestras tinieblas, sino que, como una lámpara, guía nuestros pasos en la noche, y esto basta para caminar». Incluso en el momento de la muerte, ponerse en las manos de Dios «con la confianza de que nos sostendrá incluso en el paso definitivo».

REFERENCIA

https://www.larazon.es/religion/las-claves-de-la-carta-sobre-la-fe-BX2909276/

Printed by Books on Demand GmbH, Norderstedt / Germany